LES ÉDITIONS ILLUSTRÉES

DES

LETTRES A ÉMILIE

SUR LA MYTHOLOGIE

PAR C.-A. DEMOUSTIER

BIBLIOGRAPHIE

PAR

M. LE Dr ARMAND DESPRÉS

(Extrait du *Bulletin du Bibliophile*)

PARIS
LIBRAIRIE TECHENER
(H. LECLERC ET P. CORNUAU)
219, rue Saint-Honoré, au coin de la rue d'Alger.

1894

LES EDITIONS ILLUSTRÉES

DES

LETTRES A ÉMILIE SUR LA MYTHOLOGIE

LES ÉDITIONS ILLUSTRÉES

DES

LETTRES A ÉMILIE

SUR LA MYTHOLOGIE

PAR C.-A. DEMOUSTIER

BIBLIOGRAPHIE

PAR

M. LE Dr ARMAND DESPRÉS

(Extrait du *Bulletin du Bibliophile*)

PARIS
LIBRAIRIE TECHENER
(H. LECLERC ET P. CORNUAU)
219, rue Saint-Honoré, au coin de la rue d'Alger.

1894

LES ÉDITIONS ILLUSTRÉES

DES

LETTRES A ÉMILIE SUR LA MYTHOLOGIE

PAR C.-A. DEMOUSTIER

La première édition des *Lettres à Émilie sur la mythologie* date de 1786. La première partie seule, c'est-à-dire les seize premières lettres, a été publiée : Paris, Grangé imprimeur-libraire, rue de la Parcheminerie, et chez les marchands de nouveautés, avec privilège du roi, 1 vol. in-8, MDCCLXXXVI. Il y avait d'excellents culs-de-lampe sur bois, un amour sur le titre, et des culs-de-lampe en tête et à la fin de quelques lettres, mais pas de figures. La seconde partie a paru : Paris, 1788, Cailleau, imprimeur-libraire, rue Galande, nº 64, et chez les marchands de nouveautés, avec culs-de-lampe sur bois, et 1 f. d'errata. La troisième partie a paru encore chez Cailleau, Paris, 1789. La quatrième partie a paru : Paris, Desenne, au Palais-Royal, 1790; il y avait encore des culs-de-lampe mais en très mauvais état. La cinquième partie a paru en 1796, chez l'auteur, il n'y avait point de culs-de-lampe mais il y avait des figures, non seulement pour la cinquième partie, mais encore pour les quatre premières. A partir de 1790, une petite édition illustrée des 4 premières parties avait été lancée dans le public et ne portait ni nom d'éditeur, ni nom d'imprimeur.

Cette première édition illustrée renferme 2 frontispices, un pour la 1re partie, l'autre pour la 2e partie. Celui de la 1re représente une femme lisant les lettres à Émilie, un amour derrière et devant une colonne avec 4 médaillons, représentant des dieux ; celui de la 2e représente l'assemblée des dieux. Pour les deux autres parties il y avait une figure représentant un dieu et quelques accessoires autour : des amours, un char et des chevaux; les vignettes sont signées, dessinées et gravées à l'eau-forte par Queverdo, terminées au burin par Gaucher. Il y avait primitivement 2 planches par partie. En 1793 et 1794, les éditeurs ont fait ajouter des planches pour les quatre parties publiées, elles portent la date l'an II de la R. F., ou 1793. Cela indique qu'il y a eu au moins trois éditions de cet ouvrage. Ce qui permet de le croire c'est qu'il y a une autre édition avec des figures de Queverdo en 1794. Les premières figures sont bordées d'un trait, les nouvelles sont entourées d'un encadrement très riche et très décoré.

La seconde édition illustrée porte la date 1792 pour les quatre premières parties, 1795 pour la cinquième, an VII pour la sixième. Les figures gravées à l'eau-forte ne sont pas signées. Ce sont des médaillons où il n'y a qu'un seul personnage.

La troisième édition, qui est celle de l'éditeur Patris, renferme des figures faites exclusivement pour le livre. Elles sont au nombre de 36, dessinées par Monnet, l'un des dessinateurs de l'édition des fables de La Fontaine, édition Montulay, dite édition Fessard; elles sont gravées par Audouin. Le portrait est de Ducreux et gravé par Gaucher. Ce portrait est celui qui a été placé plus tard dans les diverses éditions ultérieures. Les figures sont la plupart très bonnes; il faut signaler entre autre Salmacis et Hermaphrodite.

La quatrième édition est celle de Renouard; elle contient le portrait de Ducreux et 36 gravures exquises d'après les dessins de Moreau le jeune, dont la moitié au moins sont des chefs-d'œuvre et égalent les figures des Métamorphoses d'Ovide, traduction de l'abbé Banier, Paris 1771, un des livres de bibliothèque les plus recherchés. Les dessins de Moreau ont été habilement gravés par Delvaux, de Ghendt, Royer et Simonet, artistes consommés dans l'art de graver les vignettes. Ces illustrations sont incomparablement les meilleures illustrations des *Lettres à Émilie*, et elles ont du prix.

Puis viennent les illustrations de Choquet : deux séries, l'une comprenant le portrait de Demoustier, le portrait d'Émilie, et soixante gravures au pointillé et assez ordinaires; l'autre comprenant seulement six sujets et qui est beaucoup meilleure ; cette série a été faite pour une édition, Paris Tenré, et imprimée par Didot; elle est très bien exécutée. Menard et Desenne ont publié ensuite une édition avec des figures de Desenne au nombre de huit, un peu dures, dans le genre des figures du même artiste qui se trouvent dans les contes et les fables de La Fontaine.

Duplat, le graveur sur pierre, qui a illustré pour la librairie Renouard une édition des fables de la Fontaine, Paris, 1811, a composé 48 sujets gravés sur pierre que l'on trouve le plus souvent dans les éditions Paris, Renouard, 1809, éd. in-18 et dans l'édition Paris, Renouard, 1817, in-18.

Ces figures ont été faites vers 1811 ; elles manquent de finesse et de grâce, il y a beaucoup de réminiscences des dessins de Moreau et de Queverdo.

Les figures de la petite édition Saintin 1819, ne sont pas signées ; elles sont assez finement gravées dans le genre de Simon et Coiny et il y en a deux qui sont très bonnes ; Caron dans sa barque et Deucalion et Pyrrha.

Les premiers dessins de Desenne n'avaient pas sans doute séduit le public. Desenne en produisit de nouveaux, pour l'éditeur Froment, 3 d'abord puis 12. Ce sont de petits sujets gravés avec le plus grand soin par des graveurs tels que Pourvoyeur et Hopwood. Ces gravures ayant eu plus de succès, un autre éditeur Langlois, en 1835, fit illustrer dans le même genre une nouvelle édition, par Ferdinand et Dubouloz et le graveur Truebe ; quelques-uns de ces petits sujets sont réellement remarquables.

A partir de cette époque, sauf les eaux-fortes de Lalauze, il n'y a pas eu d'œuvre importante. Il ne faut pas compter les quatre figures au trait de l'édition Bry aîné, 1859, qui sont sans valeur. Il ne faut pas compter davantage les illustrations de l'édition Martial Ardent, parue en 1841, les figures d'ailleurs sont de mauvaises vignettes destinées à illustrer une édition de Télémaque.

Pour être complet, il faut signaler une suite de 100 très petits sujets pour *illustrer les livres de mythologie*, parue en 10 feuilles in-12, chez Saintin, rue du Foin-St-Jacques, et que j'ai trouvée dans une édition Renouard, 1817, et qui y avait

été placée en bloc dans la première partie, sans aucun doute par un amateur.

Telles sont les illustrations d'un livre qui, pendant les trente premières années de ce siècle, a eu une vogue exceptionnelle et qui a peut-être été injustement oublié. Les *Lettres à Émilie* offrent, en effet, un moyen commode de repasser la mythologie que l'on n'apprend plus aujourd'hui dans la jeunesse, et que pourtant chacun doit connaître au moins pour l'intelligence de nombreux ouvrages de la littérature latine et française. Les illustrations de Monnet, Moreau le jeune et Choquet donnent d'ailleurs du prix à l'ouvrage, et les éditions du commencement du siècle méritent d'avoir leur place dans les bibliothèques des véritables amateurs de livres.

BIBLIOGRAPHIE

Éditions soignées

LETTRES A ÉMILIE SUR LA MYTHOLOGIE par De Moustier || Heureux ceux qui se divertissent en s'instruisant. Télémaque, livre II || *A Paris*, 1790 ; 4 parties en 2 vol., pet. in-18.

Les figures au nombre de 8 ; puis de 16 sont signées « *Queverdo fecit* » dans l'édition que je possède il y a des figures de deux sortes. Celles qui paraissent avoir été faites après coup et rajoutées, sont signées *Queverdo fecit*, l'an IIe de la R. F. ou 1793, il existe en effet d'autres éditions avec ces figures.

LETTRES A ÉMILIE SUR LA MYTHOLOGIE, par De Moustier, quatrième édition || Heureux ceux qui se divertissent en s'instruisant. Télémaque, livre II || *A Paris, de l'imprimerie F. Dufart ;* 4 parties en 2 vol. pet. in-18, 1794.

Ouvrage très soigné comme composition et comme papier. Figures de Queverdo très bien tirées, plus deux figures de Binet dans le deuxième volume, et faites pour l'édition *les Amours de Psyché et de Cupidon*, Paris, Patris, 1796. L'on a placé dans cette édition, en tête du tome II, la vignette, l'*Assemblée des dieux*, placée dans les précédentes éditions en tête de la deuxième partie. On aurait publié le premier volume seul avec figures en 1790 ; et en 1791, 92 et 94 on aurait successivement réimprimé le premier volume au moment de l'apparition de la 3e et de la 4e partie, et cela fait en réalité les quatre éditions.

LETTRES A ÉMILIE SUR LA MYTHOLOGIE, par M. De Moustier || Heureux ceux qui se divertissent en s'instruisant. Télém. liv. 2 || seconde édition : *les 1re, 2e, 3e et 4e parties chez Desenne, libraire au palais royal, 1792 ; la 5e partie chez l'auteur, rue d'Enfer, no 168,* 1796, an IV ; et *Lettres à Émilie sur la mythologie,* par C. A. Demoustier. *Sixième partie, chez Devaux, palais Égalité, 181, et Patris, imprimeur, quai Malaquais, no 2,* an VII, 1799 ; 6 vol. in-8.

Les figures de cette édition ne sont pas signées, elles sont au nombre de 24. Ce sont des médaillons où sont représentés les dieux, un personnage seul ; les gravures sont des eaux-fortes dans la manière de Delignon, les meilleures planches sont Neptune, Iris, Cérès, Vulcain, Amphitrite, Bacchus et Vénus.

Ces gravures semblent avoir été faites pour un autre ouvrage, car elles sont marquées d'une pagination qui ne correspond pas au texte de l'édition. Pour la 6e partie il n'y avait pas de figures, mais les libraires y ont placé au moment où ils ont publié l'édition complète, quelques-unes des figures intercalées d'abord dans les quatre premières parties. Il y a des culs-de-lampe sur bois en tête des parties, mais ils sont étrangers au texte.

LETTRES A ÉMILIE SUR LA MYTHOLOGIE, par C.-A. Demoustier || Heureux ceux qui se divertissent en s'instruisant: Télémaque, livre 2. || *La 5e partie à Paris, chez Patris, imprimeur, quai Malaquais, 2, et Devaux, libraire, palais égalité, n° 181,* an VI, 1797 ; *La 6e à Paris, chez Devaux, libraire, palais égalité no 181 et Patris, imprimeur, quai Malaquais,* an VII (1799), 1 vol. pet. in-18.

Une figure pour chaque partie, sans intérêt : Demoustier et Émilie représentés sur les bords du Styx, et une femme montrant à Émilie et à Demoustier le temple de Cythère. Ce volume est la suite de l'édition avec les illustrations de Queverdo, les éditeurs ont signé cet exemplaire de la première édition de la 6e partie pour éviter les contrefaçons, principalement celles qui avaient été éditées à Londres et à Brunswick.

Patris est à partir de cette époque le seul propriétaire de l'ouvrage et le cèdera deux ans plus tard à Renouard.

LETTRES A ÉMILIE SUR LA MYTHOLOGIE, par C.-A. Demoustier. || Heureux ceux qui se divertissent en s'instruisant. Télémaque, livre 2.|| Dernière édition. *Chez Ant.-Aug. Renouard, libraire, rue Saint André-des-Arts, 42 ;* imprimerie de C.-F. Patris, ci-devant imprimeur de la marine et des colonies, quai Malaquais, 2, près la rue de Seine ; 6 parties en 2 ou 3 vol. in-8, an IX (1801).

Cette édition a paru en 1800. Portrait par Ducreux, gravé par C.-E. Gaucher, 36 figures dessinées par Monnet et gravées par P. Audouin. Bonnes gravures, parmi lesquelles il faut citer particulièrement Minerve, Apollon et le serpent Python, Vénus sortant de l'onde, le Jugement de Pâris, Pyrame et Thisbé, Alcyone, Salmacis et Hermaphrodite. Les gravures sont encadrées comme les gravures de Fessard dans l'édition gravée des fables de La Fontaine de Montulay. Il a passé chez le libraire Durel un exemplaire de cette édition avec une dédicace à Mme Bonaparte. Ce livre est très bien imprimé et sur beau papier.

— Autre édition. *Chez le même éditeur*, à la même date, 1801. Six parties en 3 vol. in-18, *imprimerie Patris.*

Les gravures sont les mêmes, mais sans encadrement et la signature des vignettes a disparu.

— Même édition. *Paris, Ant.-Aug. Renouard*, 1804 ; six parties en 3 vol. in-18.

Les figures de Monnet, sans encadrement, édition tirée à grand nombre.

LETTRES A ÉMILIE SUR LA MYTHOLOGIE, par C.-A. Demoustier, première à sixième partie. *Paris, chez Ant.-Aug. Renouard*, M. D. CCC. IX, 6 parties reliées en 2 vol. in-8 ; imprimerie de Didot l'aîné. Au faux-titre : Heureux ceux qui se divertissent en s'instruisant. Télémaque livre II.

Les exemplaires ont été tirés sur papier vergé, sur papier satiné et sur vélin satiné. Les derniers étaient vendus 50 fr. et avec les figures avant la lettres, 66 fr. Un avis du libraire, 4 ff. ; notice sur la vie et les ouvrages de Charles-Albert Demoustier, par Fayolle. Portrait par Ducreux, le même que celui de l'édition de 1801 ; 36 figures dessinées par Moreau le jeune, gravées par E. de Ghendt, Roger, Thomas, J.-B. Simonet, Delvaux et Frière. Les figures sont presque toutes exquises et admirablement gravées, sauf quelques-unes. Les figures avec la lettre sont signées à la pointe. Quatre figures sont anciennes : les deux pour Psyché et Cupidon, Zéphir enlevant Psyphé, le réveil de l'amour et les deux figures d'Adonis sont celles de l'édition Saugrain, *Les amours de Psyché et de Cupidon*, 1797, avec les fig. de Moreau.

Le libraire Morgand possède dans un volume contenant d'autres figures de Moreau, la suite des planches avant la lettre pour les LETTRES A ÉMILIE, sur *Chine volant*, in-4. (Collection et Catalogue Renouard) ; il a aussi la suite des gravures avant la lettre et les épreuves à l'état d'eau-forte, réunies, tirées sur feuilles in-4. Cette collection est évaluée 1000 fr.

LETTRES A ÉMILIE SUR LA MYTHOLOGIE, par C.-A Demoustier, même éditeur ; 6 parties, en 2 vol. petit in-12. *Paris*, M. D. CCC. IX.

Le portrait est signé Pajou, gravé par Max. Tardieu ; c'est la copie exacte du portrait de Ducreux, les 36 figures de Moreau de l'édition précédente, M. Charles Royer possède un de ces très rares exemplaires sur vélin fin. Un sur papier rose, suivant Renouard, serait unique.

LETTRES A ÉMILIE SUR LA MYTHOLOGIE par C.-A. Demoustier, même éditeur. *Paris*, 1809, 6 parties en 2 vol. in-18, imprimerie Crapelet.

D'après l'avis du libraire de l'édition in-8, les exemplaires de cette édition tirée à grand nombre renferment soit les figures de Monnet, soit celles de Moreau. Les figures de Monnet sont celles de la petite édition Renouard, 1801 et 1804. On y a même placé quelquefois les figures de Duplat, signées D. dans le dessin.

LETTRES à ÉMILIE SUR LA MYTHOLOGIE, par C.-A. Demoustier. *Paris, Alexandre Briand*, 1812 ; 6 parties en 3 vol. in-18.

Édition à laquelle on a ajouté les figures de Queverdo de la 1er et 4me édition, retouchées et très bien tirées. Le texte est celui de l'édition Renouard, 1809. Il est probable que Briand avait acheté un nombre de l'édition Renouard et avait les cuivres des planches de Queverdo, et il a fait ainsi cet édition.

LETTRES A ÉMILIE SUR LA MYTHOLOGIE, par C.-A. Demoustier. *Paris, Ant.-Aug. Renouard*, 1817 ; 6 parties en 2 vol. in-16, ou in-18.

Les figures de Moreau, très fatiguées, ou les figures de Monnet également usées. Dans l'édition in-16, l'on a intercalé une mauvaise gravure sur bois, représentant un tombeau. Elle est placée dans la notice sur Demoustier. Quelques exemplaires in-18 renferment les figures de Duplat.

LETTRES A ÉMILIE SUR LA MYTHOLOGIE, par C.-A. Demoustier, édition ornée de 62 gravures en taille-douce, première à sixième parties. *A Paris, chez Nicolle, libraire, rue de Seine nº 12; Dabo, lib., place S. Germain l'Aux., nº 41; Corbet, lib., quai des Augustins, nº 63.* — Sur la garde : *J.-M. Eberhart, imprimeur-libraire, rue du Foin-St-Jacques, nº 12; les Editeurs, place du Pont-St-Michel, nº 48, maison du marchand papetier;* 6 vol. pet. in-16, MD. CCC. XVI.

Excellente édition au point de vue typographique. Notice anonyme sur Demoustier. Portrait par Choquet, d'après Ducreux, le portrait d'Émilie par le même et 60 gravures signées Choquet, *inv. et direx.*, gravure au pointillé, trop noire. Quelques vignettes très bonnes : la ceinture de Vénus, Sapho, Psyché suppliante ; les autres vignettes faibles. Cette édition a été trouvée renfermant d'autres illustrations. Celles de Monnet par exemple.

LETTRES A ÉMILIE SUR LA MYTHOLOGIE, par C.-A. Demoustier, première à sixième partie. *Paris, Menard et Desenne, fils,* 1817, imprimerie de Chaigniau jeune ; 2 vol. in-12.

8 figures avant la lettre, dessinées par Desenne et gravées par Villeray, Lecourbe, Johannot et Manteau, signées à la pointe. Les deux meilleures figures sont les Parques et Sapho. Il y a dans l'exemplaire que je possède une excellente figure, un grec qui tient un jeune cerf blessé ce qui ne se rapporte pas à la mythologie de Demoustier et qui paraît être Cyparis ; l'édition ne devait donc contenir que 7 vignettes, une par partie.

Cette édition a été reproduite textuellement, peut-être avec un nouveau titre seulement, en 1822.

LETTRES A ÉMILIE SUR LA MYTHOLOGIE, par C.-A. Demoustier. *Paris, Saintin, libraire de la Cour, rue du Foin-St-Jacques, nº 11.* Imprimerie Denugon, rue du Pot-de-Fer. M. D. CCC. XIX, 3 vol. in-32.

8 figures, trois pour le 1er volume, trois pour le 2me et deux pour le 3me, sans signature; imitations des gravures de Monnet; les meilleures sont Deucalion et Pyrrha, Orphée et Eurydice, la mort d'Adonis, et Caron dans sa barque avec les ombres attendant. Très jolie édition miniature, très bien imprimée en beaux caractères neufs.

LETTRES A EMILIE SUR LA MYTHOLOGIE, par C.-A. Demoustier. *Paris, Tenré, libraire, rue du Paon-St-André, 1.* 1820 ; 2 vol. in-8, imprimerie Didot le jeune.

6 vignettes. Dessins de Choquet, gravés par Lejeune, F. Aze, Adam et Lecerf, avant la lettre, signées à la pointe, 2 de ces vignettes sont excellentes. Psyché sur le rocher endormie par Morphée, et Bacchus et Ariane. Le dessin est tout à fait dans le genre de l'école de David. Les paysages sont très bons. Très belle édition au point de vue typographique.

LETTRES A ÉMILIE SUR LA MYTHOLOGIE, par C.-A. Demoustier. *Paris, Froment,* M. D. CCC. XXIV ; 6 parties en 3 vol. in-18 ; imprimerie et fonderie de Rignoux.

3 figures de Desenne gravées par Johannot et Massard, une par volume, sans lettre.

LETTRES A ÉMILIE SUR LA MYTHOLOGIE, par C.-A. Demoustier, *Paris, Froment, quai des Augustins, 17,* 1826. 4 vol. in-24 ; imprimerie Barbier, rue des Marais.

Édition en petit caractère très bien imprimée, et sur bon papier, le titre est gravé, et contient un petit sujet, frontispice avec légende ; il y a donc 2 figures par volume. Ce qui fait 12 vignettes. Les dessins de Desenne sont finement gravés par Pourvoyeur, Johannot, Massard et Hopwood. La meilleure vignette est celle qui représente Erigone et Icarius. Cette édition est plus grande que celle de Saintin, quoique le caractère sois plus fin.

LETTRES A ÉMILIE SUR LA MYTHOLOGIE, par Demoustier. *Paris, Froment,* 1828 et 1838 ; 2 vol. in 8.

Trois des figures de Desenne des éditions précédentes agrandies, gravées par Pfitzer ; une nouvelle, Acis et Galathée : très bonnes.

LETTRES A ÉMILIE SUR LA MYTHOLOGIE, suivies des *Consolations* par Demoustier, avec une notice nouvelle et des notes, par G. Touchard de Lafosse. *Paris. A.-R. Langlois, libraire-éditeur, rue des Grands-Augustins,* 25, 1833 ; imprimerie Bourgogne et Martinet, rue du Colombier, 30 ; 2 vol. in-8.

Un portrait par Ferdinand. Copie du portrait de Ducreux, 7 petites figures fines dessinées par Ferdinand et Dubouloz et gravées sur acier par Truel, quelques-unes au moins. 2 vignettes sont dignes de remarque : La mort de

Didon et la Chèvre Amalthée. Cet ouvrage annonce une correction dans le texte et la suppression d'un passage sur Phaeton. Les figures sont avant la lettre, une des 7 figures quoique signée Ferdinand ne semble pas se rapporter à l'ouvrage.

LETTRES A ÉMILIE SUR LA MYTHOLOGIE, par C.-A. Demoustier. *Paris, Furne*, 1859 ; un vol. gr. in-8.

12 figures de Moreau et le portrait de Ducreux, gravés à nouveau par Delvorty et dans le même sens ; le graveur s'est servi de la glace pour copier.
Nouvelle édition. Paris, Furne, 1868 ; édition de luxe, mêmes figures tirées sur très beau papier et à petit nombre. Bel ouvrage.
Les figures de ces deux exemplaires sont sur chine et montés.

LETTRES A ÉMILIE SUR LA MYTHOLOGIE, par Demoustier, avec une préface par Paul Lacroix. Frontispices gravés par Lalauze. *Paris, Jouaust, librairie des bibliophiles*, M. DCCC. LXXXIII, 3 vol. in-16.

Édition de luxe soignée, 3 frontispices sujets, 1 volume, la Chèvre Amalthée, le Réveil de Cupidon, l'Enlèvement d'Europe, dans un riche encadrement ; culs-de-lampe très fins. Les gravures sont excellentes.

Éditions Étrangères

LETTRES A ÉMILIE SUR LA MYTHOLOGIE, par Demoustier. *Londres*, 1790 ; 2 vol. in-18, édit. Genre Cazin ; puis LETTRES A ÉMILIE SUR LA MYTHOLOGIE, par Demoustier. *Londres*, an IV ; la 5me partie ; an VII ; la 6me, en 1 vol. in-18.

1re et 2e parties réunies, une fig. originale en tête, la chèvre Amalthée ; 2e et 3e parties réunie, une figure, Vénus et Apollon, 5e et 6e parties réunies, une figure en tête de chaque partie, celles de l'édition Patris et Devaux. Mauvaises figures.

LETTRES A ÉMILIE SUR LA MYTHOLOGIE, par de Moustier, 1er à 5e parties ; les 4 premières *Bukingham*, 1792 ; la 5e, *chez l'auteur, rue d'Enfer, no 768*, 1796 ; 2 vol. in-8.

Reproduction exacte de l'édition, Paris, Desenne, 1792-96 ; mêmes gravures en médaillon, 24 planches.

LETTRES A ÉMILIE SUR LA MYTHOLOGIE, par Demoustier, nouvelle édition, augmentée de plusieurs lettres ; 2 vol. in-18. *Brunswick*, 1796.

Contrefaçon signalée par Renouard dans l'avis du libraire (édition de 1809), que le libraire a fait poursuivre et dont un bon nombre d'exemplaires a été détruit. Un titre frontispice par volume, encadré et avec feuillage autour, une planche par volume, Vénus et Proserpine, signées Schroder ; dans cette édition le texte de Demoustier, est travesti. Il y a des interpolations. La même édition a été publiée plus tard, augmentée de deux volumes, en 1800. Elle porte néanmoins la date 1796, et pourtant elle contient la 6e partie des lettres, publiée plus tard en 1799 ; l'édition alors est en 4 volumes et elle renferme les figures de Queverdo et une figure de l'édition Patris et Devau de 1797-1799.

Éditions de Pacotille.

LES LETTRES A ÉMILIE SUR LA MYTHOLOGIE, édition de Nicolle Dabo et Corbet, avec des figures autres que celles de Choquet, des copies grossièrement exécutées d'après Monnet, Moreau et Choquet, ont été mises dans le commerce. Ce sont les premières éditions pour le colportage. Vient ensuite l'édition de Delarue avec des noms de libraires différents :

LETTRES A ÉMILIE SUR LA MYTHOLOGIE, par M. Demoustier. *Paris, Delarue*, 1820 ; 6 parties en 6 vol. in-18, brochés. Le médaillon, aux trois têtes, sur le titre ; imprimerie stéréotypie de Laurens.

Une figure par volume. Copies de Monnet et de Choquet, mauvaises d'ailleurs.

— Même édition, même imprimerie. *Paris, Locard et Davi*, 1820 ; 6 parties en 6 vol. in-18.

Figures copiées de Monnet, de Choquet et de Moreau, très faibles.

— Même édition, même imprimerie. *Paris, Locard et Davi*, 1820 ; 6 parties en 6 vol. in-18.

18 figures un peu moins faibles que les précédentes, 2 planches par volume : une à 2 sujets, et un frontispice sujet mythologique sur le titre ; ce sont des copies réduites et peu finies des vignettes de Moreau, et surtout de Monnet.

— Même édition, même imprimerie. *Paris, Garnery,* 1822; 6 parties en 6 vol. in-18.

1 figure par volume, cette fois. Ce sont les vignettes de Desenne de l'édition Menard-Desenne qui ont été copiées, les trois Parques par exemple, et la gravure est sans valeur.

Il y a là sans doute d'autres noms de libraires sur cette édition tirée à très grand nombre pour le colportage. Ces ouvrages étaient vendus brochés avec une couverture de papier gris, rose ou bleu.

LETTRES A ÉMILIE SUR LA MYTHOLOGIE, par Demoustier. *Paris, Martial Ardant frères, imprimeurs-libraires, rue Hautefeuille, 14; à Limoges, même maison;* 2 vol. in-8, 1841.

2 figures par volume, mauvaises et tirées d'une édition des Aventures de Télémaque, mal illustrée.

LETTRES A ÉMILIE SUR LA MYTHOLOGIE, par Demoustier. Édition Bry aîné. *Paris, Lécrivain et Troubon, libraires-éditeurs,* 1859 ; 1 vol. in-8.

4 figures au trait, gravées par A. de Paris, assez faibles et sans valeur, tirées dans le texte.

Enfin il faut signaler la publication de cent petits sujets au trait, gravés en taille-douce, 10 par feuille in-18, parues avec un en-tête frontispice. *Paris, Saintin, rue du Foin-St-Jacques, sans date.* Je les ai trouvés en bloc, classés dans une édition Nicolle, 1816.

Dr ARMAND DESPRÉS.

Châteaudun. — Imprimerie de la Société Typographique.

CHATEAUDUN. — IMPRIMERIE DE LA SOCIÉTÉ TYPOGRAPHIQUE

www.ingramcontent.com/pod-product-compliance
Ingram Content Group UK Ltd.
Pitfield, Milton Keynes, MK11 3LW, UK
UKHW021020220726
13924UKWH00001B/87